Für Rhian Holland

SCHÜTZE

Im Einklang mit den Sternen leben

STELLA ANDROMEDA

ILLUSTRIERT VON EVI O. STUDIO

GROH

I.

Alles über den Schützen

II.

Die Welt des Schützen

III.

Mehr Astrowissen

Einleitung

Der Giebel des antiken griechischen Apollontempels in Delphi trägt die Inschrift: „Erkenne dich selbst." Sie ist eine der 147 delphischen Maximen, nach denen man leben sollte. Von Gott Apollon selbst soll diese Aufforderung zur Selbsterkenntnis stammen, und später ergänzte sie der Philosoph Sokrates um den Satz: „Ein unerforschtes Leben ist nicht lebenswert."

Der Mensch versucht auf vielfältige Weise, sich selbst kennenzulernen und sein Leben oder die Herausforderungen seines Daseins zu meistern, oft mithilfe von Therapien oder organisierten Glaubenssystemen wie Religionen. Wir wollen auf diesem Weg vor allem die Beziehung zu uns selbst und zu anderen besser verstehen lernen und Mittel finden, die uns das ermöglichen.

Die Astrologie bietet durch ihre symbolische Verwendung der Himmelskonstellationen, also der Darstellung der Tierkreiszeichen, der Planeten und ihrer energetischen Auswirkungen einige Ansätze für das Verstehen der menschlichen Natur und der Erfahrung. Viele Menschen empfinden dieses Wissen und das Potenzial, das darin steckt, als hilfreich, um Denkanstöße für eine erfülltere Lebensweise zu gewinnen.

Was ist Astrologie?

Einfach ausgedrückt, ist Astrologie das Studium und die Deutung des Einflusses, den die Planeten aufgrund ihrer Positionen im Raum zu einem bestimmten Zeitpunkt auf uns Menschen und unsere Welt nehmen können. Die angewandte Astrologie beruht auf einer Kombination aus dem faktischen Wissen über die Besonderheiten dieser Positionen und ihrer psychologischen Interpretation.

Astrologie ist weniger ein Glaubenssystem als eine praktische Lebenshilfe, die uns alte, überlieferte Weisheiten an die Hand gibt. Jeder Mensch kann lernen, die Astrologie für sich zu nutzen – nicht so sehr zum Wahrsagen oder um die Zukunft zu deuten, sondern als Wegweiser zu größerer Einsicht und einer achtsameren Herangehensweise an das Leben. Der richtige Zeitpunkt ist das A und O in der Astrologie. Die Kenntnis der Planetenkonstellationen und ihrer Beziehung zu bestimmten Zeiten zueinander kann uns bei der Wahl des richtigen Moments für manche Lebensentscheidungen helfen.

Zu wissen, wann größere Veränderungen im Leben anstehen können – aufgrund von Planetenkonstellationen wie einem rückläufigen Saturn (siehe S. 103) oder rückläufigen Merkur (siehe S. 104) – oder was eine Venus im siebten Haus bedeutet (siehe S. 85 und 98) und wie das im Licht der spezifischen Eigenschaften des eigenen Sternzeichens zu berücksichtigen ist: Dies alles sind Werkzeuge, die du zu deinem Vorteil nutzen kannst. Wissen ist Macht und die Astrologie kann ihren Teil dazu beitragen, die Höhen und Tiefen des Lebens, aber auch unsere Beziehungen gut zu meistern.

Die zwölf Sternzeichen

Jedes Stern- oder Tierkreiszeichen hat typische Eigenschaften, die den Menschen gemeinsam sind, die in diesem Zeichen geboren wurden. Dieses Zeichen ist dein Sonnenzeichen, das du wahrscheinlich schon kennst – und der übliche Ausgangspunkt, von dem aus wir unseren astrologischen Weg erkunden. Die Eigenschaften des Sonnenzeichens können sich individuell sehr stark zeigen, doch stellen sie nur einen Teil des Ganzen dar.

Wie wir auf andere wirken, wird meist von weiteren Faktoren beeinflusst, die man ebenfalls berücksichtigen sollte. So sind das Zeichen deines Aszendenten und deine Mondstellung genauso wichtig wie dein Sonnenzeichen. Du kannst dir auch dein Gegenzeichen ansehen, um herauszufinden, was deinem Sonnenzeichen vielleicht dazu verhelfen könnte, mehr Balance zu erreichen.

Im ersten Teil dieses Buchs lernst du dein Sonnenzeichen kennen. Im zweiten Abschnitt bist du dazu eingeladen, noch tiefer einzutauchen (siehe S. 74–105) und die Einzelheiten deines Geburtshoroskops zu erforschen. Damit wirst du einen viel größeren Einblick in die zahlreichen astrologischen Einflüsse gewinnen, die sich in deinem Leben zeigen können.

Die Sonnenzeichen

Die Erde braucht 365 Tage (exakt sind es 365,25), um die Sonne zu umrunden. Dabei scheint die Sonne einen Monat lang durch jedes Tierkreiszeichen zu wandern. Dein Sonnenzeichen ist somit das Tierkreiszeichen, in dem die Sonne zum Zeitpunkt deiner Geburt stand. Wenn du dein Sonnenzeichen und die deiner Familie, Freund*innen und Partner*innen kennst, ermöglicht dir das einen guten Einblick in die Charakter- und Persönlichkeitsmerkmale, die du mithilfe der Astrologie entdecken kannst.

Im Übergang geboren

Für Menschen, die gegen Ende des einen oder zu Beginn des nächsten Sonnenzeichens geboren sind, lohnt es sich, ihre genaue Geburtszeit herauszufinden. Astrologisch gesehen gibt es eigentlich keinen Übergang zwischen den Zeichen, denn jedes davon beginnt zu einem festen Zeitpunkt an einem bestimmten Datum, auch wenn dieser von Jahr zu Jahr etwas variieren kann. Wenn du unsicher bist, was dein Sonnenzeichen ist, kannst du es über dein Geburtsdatum, deine Geburtszeit und deinen Geburtsort genau bestimmen. Mit diesen Daten kannst du einen Astrologen aufsuchen oder du lässt sie durch ein Online-Astrologieprogramm laufen (siehe S. 108), um ein möglichst genaues Geburtshoroskop zu erstellen.

Stier

Lat.: Taurus

21. APRIL–20. MAI

Fixes Erdzeichen. Geerdet, sinnlich und den körperlichen Freuden zugewandt, ist der Stier von seinem Herrscherplaneten Venus mit Anmut und einem Sinn fürs Schöne ausgestattet – trotz seiner bulligen Darstellung. Charakteristisch ist seine unbeschwerte, unkomplizierte, wenn auch manchmal sture Lebenseinstellung. Gegenzeichen: das Wasserzeichen Skorpion.

Widder

Lat.: Aries

21. MÄRZ–20. APRIL

Astrologisch das erste Sternbild des Tierkreises, erscheint der Widder zur Frühjahrs-Tagundnachtgleiche. Kardinales Feuerzeichen; das Zeichen für Anfänge. Herrscherplanet ist Mars, der dafür steht, Herausforderungen dynamisch, energievoll und kreativ zu begegnen. Gegenzeichen: die luftige Waage.

Zwillinge

Lat.: Gemini

★

21. MAI–21. JUNI

Veränderliches Luftzeichen. Zwillinge neigen dazu, beide Seiten eines Problems zu sehen, wobei der Herrscherplanet Merkur ihren schnellen Verstand beeinflusst. Zwillinge scheuen sich häufig vor Verpflichtungen und versinnbildlichen auch eine jugendliche Haltung. Gegenzeichen: der feurige Schütze.

Krebs

Lat.: Cancer

★

22. JUNI–22. JULI

Kardinales Wasserzeichen, dargestellt mit starken Scheren. Der Krebs gilt als gefühlsbetont und intuitiv, er schützt seine Empfindlichkeit mit seiner Schale. Sie verkörpert auch die Sicherheit des Krebs-Zuhauses, dem dieses Zeichen verpflichtet ist. Herrscherplanet ist der mütterliche Mond. Gegenzeichen: das Erdzeichen Steinbock.

Löwe

Lat.: Leo

23. JULI–23. AUGUST

Fixes Sonnenzeichen. Der Löwe liebt
es zu glänzen. Er ist im Herzen ein
Idealist, positiv und über die Maßen
großzügig. Löwen-Geborene können
vor Stolz brüllen und so zuversicht-
lich wie kompromisslos sein, mit
großem Glauben und Vertrauen
in die Menschheit. Herrscherplanet
ist die Sonne. Gegenzeichen:
der luftige Wassermann.

Jungfrau

Lat.: Virgo

24. AUGUST–23. SEPTEMBER

Veränderliches Erdzeichen.
Die Jungfrau gilt als aufmerksam,
detailorientiert und häufig selbst-
genügsam. Die Jungfrau schöpft
aus einem scharfen, nicht selten
selbstkritischen Intellekt und ist
oft sehr gesundheitsbewusst.
Herrscherplanet ist Merkur.
Gegenzeichen: das Wasser-
zeichen Fische.

Skorpion

Lat.: Scorpio

24. OKTOBER–22. NOVEMBER

Fixes Wasserzeichen. Entsprechend neigt der Skorpion zu intensiven Gefühlen. Sein Tierkreiszeichen verbindet ihn mit der Wiedergeburt nach dem Tod. Herrscherplaneten sind Pluto und Mars. Wegen seiner starken Spiritualität und tiefen Emotionen braucht der Skorpion Sicherheit, um seine Kraft leben zu können. Gegenzeichen: das Erdzeichen Stier.

Waage

Lat.: Libra

★

24. SEPTEMBER–23. OKTOBER

Kardinales Luftzeichen mit Herrscherplanet Venus. Hier dreht sich alles um Schönheit, Gleichgewicht (dargestellt durch die Waage) und Harmonie in einer eher romantischen, idealen Welt. Mit ihrem Sinn für Ästhetik können Waagen sowohl künstlerisch als auch handwerklich sein. Sie schätzen außerdem Fairness und sind oft sehr diplomatisch. Gegenzeichen: der feurige Widder.

Schütze

Lat.: Sagittarius

★

23. NOVEMBER–21. DEZEMBER

Veränderliches Feuerzeichen, bei dem sich geistig wie körperlich alles um Reisen und Abenteuer dreht. Schützen haben eine direkte Herangehensweise, sind optimistisch und stecken voller Ideen. Sie lieben es, freien Lauf zu haben, neigen aber zu Verallgemeinerungen. Herrscherplanet ist der gutwillige Jupiter. Gegenzeichen: die luftigen Zwillinge.

Steinbock

Lat.: Capricornus

★

22. DEZEMBER–20. JANUAR

Kardinales Erdzeichen mit Herrscherplanet Saturn. Der Steinbock gilt als harter Arbeiter und wird von der trittsicheren wie verspielten Ziegenart dargestellt. Er ist vertrauenswürdig und scheut sich nicht vor Verantwortung. Oft sind Steinböcke sehr genügsam und haben die Disziplin für selbstständige Berufe. Gegenzeichen: das Wasserzeichen Krebs.

Wassermann

Lat.: Aquarius

21. JANUAR–19. FEBRUAR

Trotz seiner Darstellung als Wassermann ein fixes Luftzeichen. Es wird
beherrscht vom unberechenbaren
Uranus, der alte Ideen mit inno-
vativem Denken vom Tisch kehrt.
Der Wassermann ist tolerant und
weltoffen. Ganz auf Menschlich-
keit bedacht, hat er soziale,
gewissensgeleitete Ideale.
Gegenzeichen: der feurige Löwe.

Fische

Lat.: Pisces

20. FEBRUAR–20. MÄRZ

Veränderliches Wasserzeichen, das
stark auf seine Umgebung reagiert.
Dargestellt durch zwei Fische, die,
in entgegengesetzte Richtungen
schwimmend, manchmal Fantasie
und Realität verwechseln. Von
Neptun beherrscht, ist die Welt
der Fische fließend, fantasievoll
und empathisch. Fische nehmen
oft die Stimmungen anderer
auf. Gegenzeichen: das
Erdzeichen Jungfrau.

Alles über den I.

Schützen

Das Zeichen, in dem die Sonne
zum Zeitpunkt deiner Geburt
stand, ist der ultimative
Ausgangspunkt, um deinen
Charakter und deine Persönlichkeit durch den Tierkreis
zu erforschen.

Veränderliches Feuerzeichen, dargestellt als Schütze und Zentaur (halb Mensch, halb Pferd).
Regiert von Jupiter, dem Herrscher über den Himmel, assoziiert mit Glück und Überfluss.

GEGENZEICHEN

Zwillinge

LEBENSMOTTO

„Ich sehe."

I.

Glücksfarbe

Angesichts seiner Stellung als Himmelsherrscher ist die Glücksfarbe des Schützen Violett, die Farbe der Könige. Trage kräftige Töne oder helleres Lavendelblau, wenn du dich psychisch stärken willst und eine Portion Mut brauchst. Wenn du dich nicht so auffällig und kühn zeigen willst, wähle violette Accessoires – Schuhe, Handschuhe, Socken, Hüte oder Unterwäsche.

II.

Glückstag

Der Donnerstag, nach dem römischen Gott Jupiter bzw. seiner germanischen Entsprechung, dem Donnergott Thor oder Donar, benannt, ist der Glückstag der Schützen – französisch *jeudi*, italienisch *giovedi* und spanisch *jueves*.

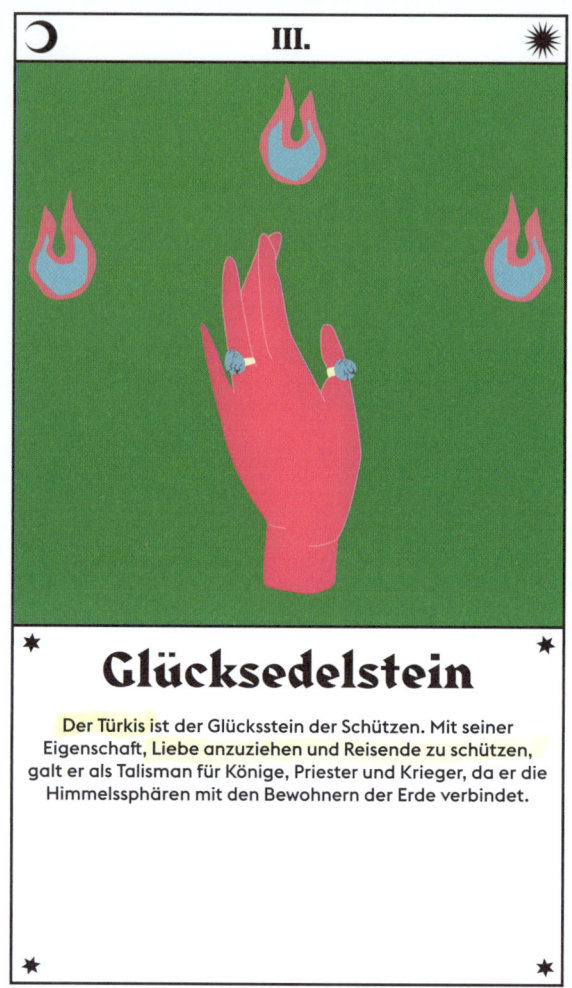

III.

Glücksedelstein

Der Türkis ist der Glücksstein der Schützen. Mit seiner Eigenschaft, Liebe anzuziehen und Reisende zu schützen, galt er als Talisman für Könige, Priester und Krieger, da er die Himmelssphären mit den Bewohnern der Erde verbindet.

IV.

Orte

Australien kommt dem Bedürfnis des Schützen nach weiten Ausblicken entgegen, genau wie Spanien, Land der alten Eroberer und modernen Reisenden. Auch Ungarn ist ein Reiseziel für den Bogenträger. Zu den Städten zählen Acapulco, Stuttgart, Neapel und Nottingham.

V.

Ferien

Den Schützen zieht es überallhin, wo ein Pferd frei laufen
kann, buchstäblich wie auch im übertragenen Sinn. Trekking
in den südafrikanischen Drachenbergen, Wandern im
englischen Lake District oder auf dem amerikanischen
Pacific Crest Trail könnte ihm gefallen. Faule Strandurlaube
sind eher nichts für ihn, außer es gibt auch dort hin und
wieder etwas zu unternehmen.

Blumen

Der bescheidene Löwenzahn als Bild der scheinenden
Sonne ist eine der Schützenblumen, wie auch
die goldköpfige Narzisse.

Bäume

Die mächtige Eiche, Sinnbild der Weisheit, spiegelt die
philosophische Seite des Schützen wider. Auch
die Birke ist ein Symbol alter Weisheit und
scheint dennoch ewig jung zu sein.

Haustiere

Für Schützen ist ein Pferd das ideale Haustier; wenn nicht im echten Leben, dann träumen sie davon. Selbst wenn sie keines besitzen können, wollen sie vielleicht reiten lernen.

Feste

Schützen reisen gern, um zu feiern. Sie sind die Ersten, die für einen 24-Stunden-Rave ins Flugzeug steigen und danach mit blutunterlaufenen Augen wieder im Büro sitzen. Ihre eigenen Partys sind eher kurzfristige Grill-Events, weil das Wetter passt, als elegante, sechs Monate im Voraus geplante Veranstaltungen. Wenn es um Cocktails mit Pferdesport-Touch geht, darf es ruhig Ingwer sein, wie bei einem klassischen Old Fashioned mit Bourbon.

Die Eigenschaften des Schützen

Beim Schützen dreht sich alles um die Unabhängigkeit von Geist, Körper und Temperament. Sie steht im Mittelpunkt ihrer insgesamt sehr optimistischen Lebenshaltung. Schützen strahlen Positivität aus, denn in ihrer Welt ist alles möglich: Sie sind ehrlich optimistisch bezüglich der Möglichkeiten, die das Leben bietet. Dies scheint ihnen Türen zu öffnen – nicht zuletzt, weil man ihrer zuversichtlichen Art nur schwer widerstehen kann.

All dies macht sie zu einer sehr angenehmen Gesellschaft, mit dem Nachteil allerdings, dass sie vielleicht nicht lange bleiben. Seine geistige Unabhängigkeit kann den Schützen sehr rastlos machen. Ständig sucht er neue Ideen, Orte und Menschen. Zu dieser Eigenständigkeit gesellen sich Neugierde und eine Sehnsucht nach Weisheit. Die Pfeile, die der Schütze in die Luft sendet? Sie stehen auch für das Streben nach höherem Wissen. Der Schütze ist das Zeichen der Forschungsreisenden und Philosophen. Er schießt von seinem Bogen metaphorische Ideen ab und eilt dann davon, um zu sehen, wo sie landen, was ihm eine interessante Mischung aus animalischem Instinkt und erleuchtendem Denken verleiht. Fast alles kann seine intellektuelle Neugierde entzünden. Der Schatz am Ende des Regenbogens? Sobald sich der Regenbogen zeigt, ist der Schütze schon zur Tür hinaus, um herauszufinden, ob es ihn wirklich gibt – zumindest bildhaft.

So freundlich und leutselig Schützen als Begleiter*innen sein können: Manchmal sind sie so gesellig, dass man kaum Schritt halten kann. Der Schütze ist nicht oberflächlich, aber oft bekommst du seine Aufmerksamkeit nur, wenn er dich sieht – aus den Augen, aus dem Sinn. Und während er an einer Freundschaft anknüpfen kann, wo er aufgehört hat, fällt dies anderen vielleicht nicht so leicht. Das verdutzt ihn, da er niemandes Gefühle verletzen will. Lange verweilt der Schütze allerdings nicht bei diesem Gedanken, da er bereits an der nächsten großen Sache dran ist.

Diese Leichtlebigkeit der Schützen kann manchmal auch bedeuten, dass andere hinter ihnen die Scherben beseitigen müssen, während sie dem nächsten großen Plan nachjagen – unfertige Projekte, verpasste Termine und vergessene Verabredungen im Schlepptau. Die Haltung, sich nie zu entschuldigen und zu erklären, kann andere ärgern, doch lässt der unermüdliche Enthusiasmus und Wille zur Wiedergutmachung der Schützen die härtesten Herzen erweichen. Auf ihrem Weg lernen Schützen jedoch auch ein wenig Verantwortung, sodass sie oft die Ersten sind, die ihre Hilfe anbieten. Ihre reine Herzensgröße bringt es mit sich, dass sie ihre Freund*innen selten im Stich lassen – solange sie nicht gerade von etwas anderem abgelenkt sind!

DAS FEUER MÄSSIGEN

Die charakteristischen Eigenschaften jedes Sonnenzeichens lassen sich durch die Qualitäten anderer Zeichen im gleichen Geburtshoroskop ausgleichen (oder manchmal verstärken), insbesondere durch die seines Aszendenten und Mondes. Wenn also jemand seinem Sonnenzeichen nicht zu entsprechen scheint, ist das der Grund dafür. Allerdings werden die ursprünglichen Schützen-Aspekte immer als wichtiger Einfluss vorhanden sein und die Lebenseinstellung von Schütze-Geborenen beeinflussen.

Körper und Gesundheit

Seine stabile Energie macht den Schützen zu einem der aktivsten Sternzeichen. Häufig scheint er in einen Raum hineinzuspringen, sich nach dem Geschehen umzusehen und andere auf der Welle seiner momentanen Begeisterung mitzureißen. Selbst wenn er sich still verhält, ist sein Geist auf Forschungsreise, was man oft an seinen ruhelosen Augen erkennt. Diese ganze innere Aktivität will sich auch nach außen ausdrücken, was Schützen manchmal leicht tollpatschig wirken lässt. Oft haftet ihren etwas Übertriebenes an. Sie tragen gern gewagte, extravagante Kleidung und sind allgemein sehr attraktiv – was es schwer macht, sie zu übersehen.

Gesundheit

Meist halb als Pferd, halb als Mensch dargestellt, sind es oft die Beine des Schützen, die Probleme machen können, besonders Hüfte und Oberschenkel (manchmal auch die Knie), da sie die Hauptlast seines Umherspringens tragen. Trotz körperlicher Stärke ist der Schütze ein unfallträchtiges Zeichen. Eine andere Schwachstelle kann die Leber sein, die auf übermäßiges, reichhaltiges Essen oder Alkohol mit Problemen reagiert. Mit etwas Umsicht und Schützen-Weisheit kann dies vermieden werden. Generell ist der Schütze kein Krieger-Zeichen und die meisten seiner Gesundheitsprobleme sind körperlicher, nicht seelischer Natur.

Sport und Bewegung

Schützen sind von Natur aus bewegungsfreudig, wenn ihnen auch regelmäßiges Training tendenziell schwerfällt. Gezielte gelenkunterstützende Muskelübungen helfen, Hüft- und Beinprobleme in Schach zu halten. Schützen laufen oft gern, was allerdings die Gelenke stark belasten kann. Sie sollten es daher mit Bewegungsarten wie Pilates oder Yoga kombinieren. Viele Schützen sitzen mit Vergnügen im Pferdesattel, in dem sie sich eins mit ihrem Sonnenzeichen fühlen können.

So kommuniziert der Schütze

Extrovertiert und enthusiastisch wie sie sind, teilen Schützen immer gern ihre Ideen mit anderen. Beim Reden können sie diskutieren, entwickeln und ausbauen, wobei sie häufig und oft sehr schnell hin- und herlaufen. Sie gestikulieren wild und stellen ihre Geschichten nach – was es manchmal schwer macht, ihren Erzählungen zu folgen. Egal, denn bevor du mitkommst, sind sie wahrscheinlich schon beim nächsten Thema. Sie hören zwar zu, aber ernsthaft nur wirklich, wenn das Gesagte sie besonders interessiert. Dann sind sie „ganz Ohr", wie ein wachsames Pferd. Schützen neigen auch ein wenig zur Taktlosigkeit: Nicht, weil sie absichtlich gedankenlos sind, sondern etwas plump in ihren Antworten. Ihre authentische Herzensgüte führt jedoch dazu, dass sie sich sofort entschuldigen, wenn sie unabsichtlich Gefühle verletzt haben. Innezuhalten, um das Gehirn einzuschalten, bevor er den Mund aufmacht, ist eine Lektion, die mancher Schütze lernen sollte.

Berufe für den Schützen

Angesichts ihres Enthusiasmus und ihrer Extrovertiertheit eignen sich für Schützen alle öffentlichkeitswirksamen Berufe, besonders in Medienbereichen wie PR, Werbung, Verkauf oder Marketing. Mit ihrer Vielseitigkeit können sie verschiedenste Ideen aufgreifen und umsetzen. Dabei finden sie häufig kreative Lösungen oder formulieren innovative Ansätze zur Förderung von Ideen, die den Zeitgeist treffen. Schön und gut, doch ist der Schütze oft mehr ein Ideen-Typ als ein Macher. Das sollte er erkennen und für optimale Ergebnisse lernen, zu delegieren oder eng mit einem Team zusammenzuarbeiten.

Schützen haben eine starke Fantasie, weswegen der Kreativbereich sie reizt. Schreiben, Malen, Schauspiel oder Filmemachen sind ideal, da sie so gern Ideen kommunizieren. Auch der Lehrberuf, bei dem es das Wichtigste ist, andere geistig zu inspirieren und für Ideen und das Lernen zu begeistern, passt gut zu den kommunikativ talentierten Schützen. Genauso harmonieren Tätigkeiten als Sport-, Lebens- oder Fitness-Coach mit ihrer Fähigkeit, Geist und Körper zu verbinden. Und schließlich könnte all das Fernweh auch in einer Karriere in der Reisebranche münden, als Agent*in oder Reiseschriftsteller*in, um den Horizont anderer Menschen zu erweitern.

So tickt der Schütze

Von Liebhaber*innen bis zu Freund*innen: Wie kommt der Schütze mit anderen Sternzeichen zurecht? Das Wissen um andere Zeichen und deren Zusammenspiel kann in der Beziehungsarbeit hilfreich sein, indem es Eigenschaften der Sonnenzeichen offenbart, die harmonieren oder sich reiben können. Dies durch die astrologische Lupe zu verstehen, entpersonalisiert oft potenzielle Reibungspunkte und kann dem, was scheinbar kontrovers läuft, den Stachel nehmen.

Harmonierende Beziehungen scheinen für Schützen häufig eher ein Problem zu sein, über das sie nachdenken müssen, als eine Möglichkeit, die es zu erforschen gilt. Wie sie mit anderen Zeichen harmonieren, hängt jedoch zum Teil davon ab, welche anderen planetarischen Einflüsse in ihrem Geburtshoroskop mitspielen und Aspekte ihre Sonne abschwächen oder verstärken – insbesondere solche, die manchmal kollidieren.

Die Schütze-Frau

Die Schütze-Frau erkennt man vielleicht sofort daran, wie sie den Kopf zurückwirft und scheinbar die Nüstern bläht, um neue Abenteuer zu erschnuppern und mit Verehrern im Schlepptau davonzutraben: zum Flirten geboren, ohne ihre Wirkung zu bemerken. Partner*innen laufen am besten neben ihr her, bis die Schütze-Frau nicht mehr ohne sie leben kann.

BERÜHMTE SCHÜTZE-FRAUEN

Auch Jane Austen reiste beim Erschaffen ihrer Figuren in die Köpfe anderer; die französische Sängerin Edith Piaf kommunizierte durch Chansons. Miley Cyrus und Taylor Swift zeigen in ihren Karrieren beide bewunderungswürdige geistige Unabhängigkeit, die freigeistigen Schütze-Frauen Jane Fonda, Bette Midler und Judi Dench gingen ihnen voran.

Der Schütze-Mann

Von Natur aus gesellig, ist der Schütze-Mann der Typ, der oft mit seinen vielen Freunden unterwegs ist, beim Sport, in der Kneipe oder allgemein beim Abhängen und Quatschen. Wer an ihm interessiert ist, sollte sich dessen bewusst sein und versuchen, in sein Team zu kommen, da er mit seiner Art oft liebende Menschen auf Abstand hält.

BERÜHMTE SCHÜTZE-MÄNNER

Jimi Hendrix, Jamie Foxx, Frank Sinatra und Brad Pitt zeig(t)en alle einen vielseitigen, unabhängigen Charakter, der, zusammen mit ihrem Charme, typisch für Schützen ist. Die Optionen ihrer Karrieren zu erkunden, fällt Schützen so leicht wie Beziehungen zu erforschen, was sie etwas unstet wirken ließ und lässt.

Wer lieb

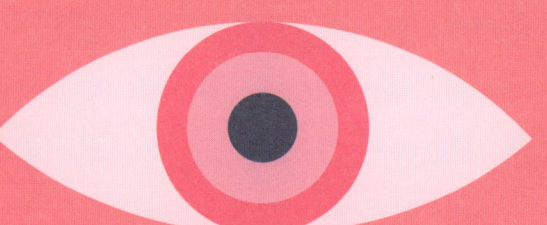

t wen?

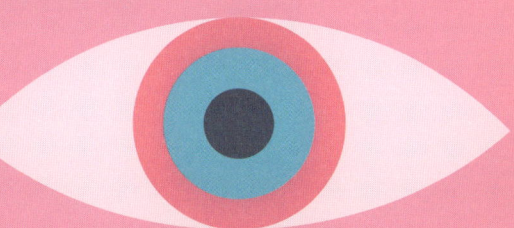

Schütze & Widder

Intellektuell und körperlich kompatibel und mit vielen gemeinsamen Interessen, passen beide gut zusammen. Die eher philosophische Art des Schützen reizt den Widder manchmal und beide haben starke Überzeugungen und ein hitziges Temperament – aber auch der Sex ist heiß!

Schütze & Stier

Stiere wollen gerne organisieren und kontrollieren, was dem Schützen nicht gut passt, selbst wenn ihn deren erdiges Wesen anfänglich anzieht. Langfristig brauchen Schützen Abwechslung, Unabhängigkeit und spontanes Vergnügen, was dieses Paar aus der Spur werfen könnte.

Schütze & Zwillinge

Zwischen beiden springt sofort ein Funke über: Sie teilen Esprit und eine fantasievolle Sichtweise auf das Leben und die Liebe, was ihnen auch im Bett viel Spaß bringt. Selbst wenn es nicht hält, ist es zunächst eine gute Beziehung, das Abschiednehmen freundschaftlich.

Schütze
& Krebs

Die lockere Schützen-Art in
Liebesdingen bringt das Si-
cherheitsbedürfnis des Krebses
durcheinander, obwohl dessen
Sinnlichkeit den Schützen anfangs fasziniert. Das reicht als
Kompensation und Interessens-
erhalt jedoch nicht. Eine Freundschaft könnte funktionieren.

Schütze
& Löwe

Hier passt viel: Durch ihre
gemeinsame Abenteuer-, Gesell-
schafts- und Freiheitsliebe gibt
es wenig Streit über die Freizeit-
gestaltung; die Leichtigkeit des
Schützen kollidiert auch nicht mit
der tendenziellen Großspurigkeit
des Löwen. Glückliche Zeiten!

Schütze
& Jungfrau

Die beiden können sich auf geistiger
Ebene gut unterhalten, aber nicht viel
mehr. Insgesamt ist das Organisations-
bedürfnis und die Detailgenauigkeit der
Jungfrau für den Geschmack des unge-
zwungenen Schützen zu einengend.

Schütze & Skorpion

Der besitzergreifende, intensive Skorpion reizt den Schützen vielleicht anfangs und verführt ihn körperlich. Doch ist dies alles etwas zu viel und schon bald lässt sein Instinkt den Schützen vor den endlosen Konfrontationen fliehen. Von Anfang an heikel.

Schütze & Schütze

Die Verbindung von zwei gleichen Sonnenzeichen kann das Beste oder das Schlechteste in beiden zutage fördern. Freiheitsliebe ist schön und gut, doch müssen beide die gleiche Richtung einschlagen, um zumindest eine Basis zu schaffen. Häufig ähneln sie daher am Ende eher Geschwistern als Seelenverwandten.

Schütze & Waage

Zwischen beiden herrscht unerwartete Harmonie, da sich die Waage mühelos an den Forscherdrang des Schützen anpasst und luxuriöse Möglichkeiten dafür schafft. Außerdem gleicht sie ein emotionales Freiheitsbedürfnis aus.

Schütze
& Wassermann

Die Aussichten für dieses Paar sind gut, da beide sehr fantasievoll, kreativ und extrovertiert sind, sodass sie einander nicht einengen. Daher kann es aber auch dauern, bis Verbindlichkeit entsteht, und oft sind sie anfangs nur Freunde. Allerdings kann dieses langsame Feuer wirklich zünden.

Schütze
& Fische

Die feurige Schütze-Energie wirkt auf die verträumten Fische sehr anziehend, die dessen abenteuerlustiges Wesen spannend finden. Schlussendlich empfindet der Schütze all diese Emotionen jedoch als zu einengend und kann sich über die Einschränkung seiner Freiheit ärgern.

Schütze
& Steinbock

Die zwanghaft gesellige Seite des Schützen ist dem Steinbock ein Rätsel, der eher zum Einzelgängertum neigt und definitiv von Anfang an eine verbindliche Beziehung wünscht. Beide haben hohe Erwartungen, die aber zu unterschiedlich ausfallen, um wirklich kompatibel zu sein.

Love-o-meter für den Schützen

Am wenigstens kompatibel:

Skorpion Steinbock Krebs Fische Stier Jungfrau

Perfekter Treffer:

Schütze Zwillinge Widder Wassermann Waage Löwe

Die Welt des

II.

Schützen

Dieser Abschnitt führt dich tiefer in die Welt deines Sonnenzeichens. Du erfährst, wie es dich antreiben oder zurückhalten kann, und du kannst anfangen, darüber nachzudenken, wie du dieses Wissen für dich nutzen möchtest.

So wohnt der Schütze

Von einem Zeichen, das nicht gern zu Hause bleibt, könnte man erwarten, dass es kein großes Interesse an einem Heim hat. Das wäre jedoch nicht richtig, denn obwohl sein Zuhause wahrscheinlich kein Ort ist, für den es besonders sentimental empfindet, ist es doch wichtig, dass es ihn gibt. Wahrscheinlich findet man hier Kunstgegenstände aus fernen Ländern und ein Bücherregal mit Reiseführern; dazu einen Haufen Freunde, die auf dem Sofa übernachten, da Schützen sehr häufig nach dem Motto *mi casa es su casa* leben. Auf der Fußmatte steht immer „Willkommen" und jeder Fremde ist ein Freund, den man noch nicht kennt. Alles klar?

Der Stil von Schützen ist entspannt, ungezwungen und großzügig. Sie sind bezüglich ihrer Besitztümer nicht wählerisch und kaufen keine Luxusdinge, weil das für sie keinen Sinn hat. Auch wenn es ein wenig schmuddelig sein mag, ist ein Schütze-Haus meist sehr einladend, mit großen, gemütlichen Sofas, vielen Kissen und einem großen Küchentisch, an dem man bis spät in die Nacht zusammensitzt. Die Farben erinnern oft an den türkisen Himmel von Santa Fe, die sonnengebrannte Terrakotta Mexikos oder die Dünen der Kalahari, zumindest in der Reisefantasie des Schützen.

TIPPS FÜR DIE SCHÜTZE-SELBSTFÜRSORGE

★ Gönne dir hin und wieder einen Tag in den Kissen und hole Schlaf auf.

★ Vernachlässige deine Gesäßmuskeln nicht: regelmäßiges Training strafft den Po und ist gut für die Hüfte.

★ Trinke ausreichend Wasser, sonst geht dein Energiepegel in den Keller.

Selbstfürsorge

Dieses Thema ist für Schützen Nebensache. Mit ihrer Tendenz, erst zu wagen und dann zu wägen und sich zu übernehmen, neigen sie sowohl zu Unfällen wie zu Burn-outs: Selbst die stabilsten Energiespeicher müssen hin und wieder aufgetankt werden. Entschleunigung fällt Schützen nicht leicht, die ständig damit beschäftigt sind, ihren abgefeuerten Pfeilen hinterherzujagen, doch bietet sie eine Möglichkeit zur Selbstfürsorge und Problemvorbeugung. Regelmäßige Bewegung hält den Schützen bis ins hohe Alter sicher im sprichwörtlichen Sattel.

Gut, dass der Schütze von Jupiter, dem Planeten des Glücks, beschützt wird. Er erholt sich meist schnell, wenn es auch nur halbwegs möglich ist. Unwahrscheinlich, dass er sich die Zeit für ein langes Bad nimmt, doch ein paar Freund*innen für einen Tag in der Therme zusammenzutrommeln, ist etwas anderes. Schützen schlafen meist problemlos, wenn sie erst im Bett sind, doch regelmäßiges Schlafen fällt ihnen schwer. Jetlags führen zu Schlafdefiziten, die von Zeit zu Zeit behoben werden sollten. Auszeiten, sanfte Bewegung, regelmäßige, nahrhafte Mahlzeiten und guter Nachtschlaf zahlen sich aus, sodass der Schütze wieder freien Lauf hat.

DIE SCHÜTZE-
SPEISEKAMMER

★ Quinoa – reich an Protein
und eines der Kohlenhydrate,
die man am schnellsten
kochen kann.

★ Dosenoliven als Snack, in Pasta
oder auf Salaten und Pizza.

★ Bananen als schnelle Kohlenhydrate in Joghurt oder
in Stücken eingefroren zum
Pürieren als Smoothies.

Kochen
und
Essen

Schützen wissen häufig nicht wirklich, wo die Küche ist, da Zeit für Mahlzeiten für sie vergeudete Zeit bedeutet. Oft essen sie nebenbei und Nahrung ist meist nur ein Mittel zum Zweck.

Doch gelegentlich kocht auch der Schütze – eventuell dann, wenn er bei einem Date beeindrucken will. Dann könnte er auch darüber nachdenken und planen. Sonst kommt häufiger die schnelle Küche infrage. Alles, was innerhalb von zehn Minuten fertig ist, ist gut. Schützen denken meist nicht einmal so weit voraus, dass sie für Baked Potatoes Kartoffeln garen ... außer natürlich, sie haben eine Mikrowelle. Kluge Schützen lernen jedoch, schnelle Mahlzeiten zu zaubern, die auch nährstoffreich und nahrhaft sind: Nüsse und Saaten im Salat, kurz gebratene Minutensteaks oder gegrillter Lachs.

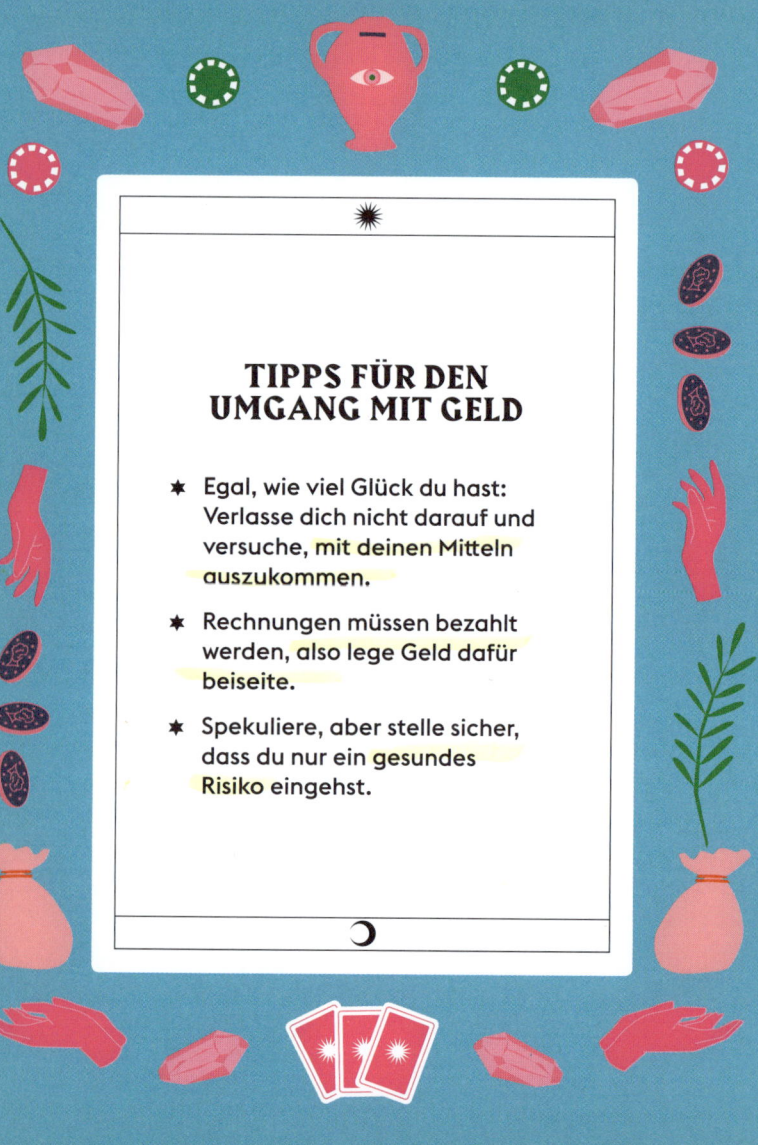

TIPPS FÜR DEN UMGANG MIT GELD

★ Egal, wie viel Glück du hast: Verlasse dich nicht darauf und versuche, mit deinen Mitteln auszukommen.

★ Rechnungen müssen bezahlt werden, also lege Geld dafür beiseite.

★ Spekuliere, aber stelle sicher, dass du nur ein gesundes Risiko eingehst.

Schützen
und
das liebe
Geld

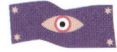

Wie gewonnen, so zerronnen, könnte den Umgang mit Geld von Schütze-Geborenen zusammenfassen. Darin liegt auch etwas Wahrheit, wenn man sieht, wie seine zuversichtliche, beschwingte Natur von einer guten Geldverdienstmöglichkeit zur nächsten springt. Geld ist für viele Schützen nur Mittel zum Zweck. Sie hängen nicht sehr daran, müssen es nicht horten, und solange sie ausreichend davon haben, um das zu tun, was sie wollen, hat es seinen Zweck erfüllt – egal, ob das Reisen erster Klasse oder mit Minibudget sind, an ein nahes Ziel oder quer durch die Welt.

Möglichkeiten wahrzunehmen und Risikobereitschaft stehen in gutem Verhältnis zu der Einstellung, sich nicht zu sehr aufzuregen, wenn nicht alles nach Plan läuft. „Man kann nicht immer gewinnen", ist ein weiteres Schützen-Motto. Egal wie, in ihrem Lebensplan könnte das nächste erfolgreiche Abenteuer eine Finanzaktion sein. Ihre Großzügigkeit bringt es auch mit sich, dass sie alle Arten von Glück gern teilen, was finanziellen Erfolg fördern kann.

Der Schütze und seine Vorgesetzten

Wenn sie ihren Charme spielen lassen, können Schützen am Arbeitsplatz mit allerlei davonkommen, was ein wertvoller Trumpf sein kann. Die Vorgesetzten mit Charme um den Finger zu wickeln, reicht jedoch nicht aus. Versprechen müssen früher oder später erfüllt werden, um nicht ernsthaft Ärger zu bekommen. Kluge Schützen wissen dies. Wegen ihrer Leutseligkeit sind sie oft gute Teamplayer. Tatsächlich können sie begeistern, wenn es darum geht, andere zu motivieren und die Arbeit zu erledigen.

Ihre Offenheit kann allerdings zum Problem werden. Manchmal ist Diplomatie am Arbeitsplatz gefragt, was nicht der stärkste Schützen-Zug ist. Scheinheiligkeiten oder hinterhältiges Benehmen stellen Schützen oft alarmierend laut an den Pranger (oder treten ins Fettnäpfchen), was den Betrieb manchmal schwächt. Das falsche Wort zur falschen Zeit zu äußern, kann Vorgesetzte wütend machen und nach hinten losgehen.

Schützen sind bekannt dafür, hinter das Offensichtliche zu blicken, und liefern daher oft innovative Problemlösungen. Im richtigen Job können sie dies gut einsetzen. Aber sie müssen lernen, ihre Ideen durch echte Arbeit umzusetzen. Dann sind sie wirklich gute Mitarbeiter*innen, auf die man sich gern verlässt.

TIPPS FÜR DEN UMGANG MIT VORGESETZTEN

✴ Überprüfe, ob dein neuer Plan dem Briefing entspricht, bevor du ihn deinem Vorgesetzten präsentierst.

✴ Drücke gelegentlich auf Pause und halte Rücksprache mit Vorgesetzten und Kolleg*innen.

✴ Arbeite mit der Erinnerungsfunktion, damit du wichtige Deadlines nicht versäumst.

TIPPS FÜR EIN LEICHTERES LEBEN

★ Stimme um des Friedens willen einem Hausarbeitsplan zu und halte dich daran.

★ Spontane Geselligkeit funktioniert am besten; zu langes Planen wird dich langweilen.

★ Teile deinen Mitbewohner*innen mit, dass direkte Anfragen nach Zeit oder Aufmerksamkeit am besten funktionieren.

Wie lebt es sich
mit dem Schützen?

Einerseits sind Schützen unkompliziert und lieben es, in Gemeinschaft zu leben. Andererseits verbringen sie auch gern viel Zeit fern der Heimat, beispielsweise auf Geschäftsreisen. Das funktioniert gut, außer Mitbewohner*innen oder Lebenspartner*innen wünschen sich etwas mehr Verbindlichkeit, sei es bei der Hausarbeit oder in puncto pünktlichem Erscheinen, um die Kinder zu Bett zu bringen. Das Gute an der Schützen-Unberechenbarkeit ist, dass ihre meist sonnige Haltung sie zur großartigen Gesellschaft macht, und sobald die Sonne aufgegangen ist, schmieden sie Pläne, wie man den Tag am besten nutzen kann – wobei sie alle dazu einladen, dabei zu sein.

Jedes Lebensarrangement mit dem Schützen fordert reichlich Kompromisse. Der Trick ist es, herauszufinden, welche Art von Kompromiss er einzugehen bereit ist. Versuche, einen Schützen auf sanfte Weise gefügig zu machen, gehen oft schief. Was bei ihm leicht geht, sind offene Diskussionen. Es mag eine*n Schütze-Partner*in oder -Mitbewohner*in zwar verrückt machen, ständig um die Erledigung von Dingen zu bitten, doch ist es oft der einzige Weg: Ohne Reminder sind Schützen meist zu vergesslich, um sich um den Müll zu kümmern.

Schützen
und
Trennungen

Schützen mögen denken, dass es in Ordnung ist, mit einem kurzen, bildhaften Schweifwedeln zum Abschied davonzugaloppieren, wenn sie Schluss machen. Häufig geschieht dies aber nur zum Schutz, egal, ob sie jemanden verlassen oder verlassen werden. Dies passt zwar gut zu ihrem Ruf, frei und ungebunden zu sein, doch zeigt es, wie Schützen mit Liebeskummer umgehen: Sie ignorieren ihn. Da jedoch jede Beziehung auch die Möglichkeit für neue Abenteuer bietet, sind sie ziemlich belastbar und sehen sich bald nach neuen Gefilden um. Was aber nicht heißen soll, dass sie unberührt bleiben. Auf jeden Fall erwarten sie, dass man Freunde bleibt, und das äußern sie auch sehr direkt – und sind dann überrascht, dass ihr*e Expartner*in nicht genauso fühlt.

TIPPS FÜR EINE LEICHTERE TRENNUNG

* So direkt du bist: Sei nicht zu unverblümt, was die Trennungsgründe angeht.

* Vergiss nicht, dass Gefühle etwas Zeit zum Verarbeiten brauchen, bevor du weiterziehst.

* Gib deinem*r Expartner*in Zeit, sich zu erholen, bevor du glaubst, dass ihr Freunde bleiben könnt.

So will der Schütze geliebt werden

Oft allzu offenherzig und abenteuerlustig (mit der gelegentlichen Tendenz zum Durchgehen), denken viele Schützen, dass alle anderen genauso ticken wie sie selbst. Dementsprechend häufig senden sie zweideutige Botschaften aus und es kann dauern, bis man herausfindet, wie sie geliebt werden wollen – was sie zweifellos wollen. Schützen erwarten, dass die Liebe schwer fassbar und etwas Kostbares ist, das man nach einem Abenteuer oder nach einer Reise auf einem unerforschten Pfad findet. Und sie wollen jagen und gejagt werden – das ist doch schließlich der halbe Spaß an der Liebe, oder? Aber wenn die Jagd so wichtig ist, sollte sie dann nicht zu einem Ergebnis führen? Das ist der problematische Teil: Der Schütze ist sich da nicht immer so sicher.

Schützen wollen auch ihres Verstandes wegen geliebt werden, mindestens so sehr wie für alles andere. Sie schätzen es sehr, mit jemandem Dinge zu teilen und zu diskutieren. Wenn du als Freund*in gemocht wirst, kann dies sogar der erste Schritt dahin sein, dem Schützen näherzukommen, doch merkt er es, wenn du dabei nicht authentisch bist. Einen Schützen bewusst mit Freundschaft zu ködern, funktioniert eher nicht, da er Quatsch wittert, aber echte Kameradschaft wichtig ist. Dazu ist er kein großer Spieler und würde wahrscheinlich eine Situation nicht manipulieren, indem er auf unnahbar macht. Allerdings – wer sagt, dass man mit Freund*innen nicht flirten darf? Schützen scheinen die Liebe nicht ernst zu nehmen, was prospektive Partner*innen wütend machen kann. Für Schützen ist das jedoch nicht wirklich ein Spiel, sondern einfach ihre Art, was insgesamt etwas verwirrend sein kann (sogar für sie selbst).

Wie jeder Mensch wollen Schützen geliebt werden und darin Sicherheit haben, selbst wenn sie das nicht immer zeigen. Und tatsächlich kann ihre selbstständige Seite oft ein unterbewusster Schutz gegen Enttäuschung oder Verletzung sein. Sie wollen sicherlich nicht gezähmt werden, doch gefällt ihnen ein Ort, an dem sie sich sicher betten können genauso wie die weite Ferne. Diese offensichtlichen Widersprüche versteht man leichter, wenn man an das Pferd als psychologisches Bild ihrer Persönlichkeit denkt. Einen Schützen zu lieben, kann zutiefst belohnt werden, wenn du seine Sehnsucht nach Reisen und Abenteuer teilst, egal ob körperlich oder geistig.

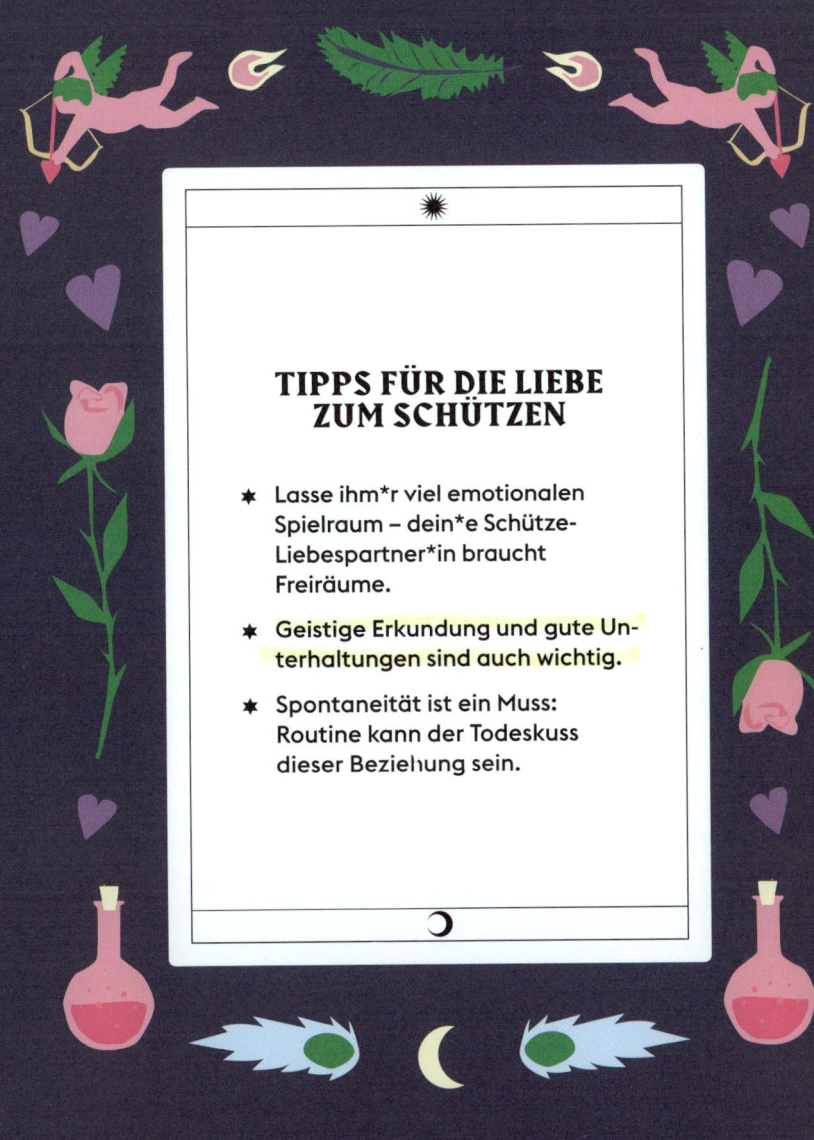

TIPPS FÜR DIE LIEBE ZUM SCHÜTZEN

★ Lasse ihm*r viel emotionalen Spielraum – dein*e Schütze-Liebespartner*in braucht Freiräume.

★ Geistige Erkundung und gute Unterhaltungen sind auch wichtig.

★ Spontaneität ist ein Muss: Routine kann der Todeskuss dieser Beziehung sein.

Schützen
und Sexualität

Schützen gehen mit einer Verspieltheit an das Leben heran, die sich auch im Bett wiederfindet. Körperliche Liebe ist für sie eine andere Form der Kommunikation und kann variieren, wie jede gute Unterhaltung – kurz und bündig, lang und gelassen, flirtend, erforschend, intensiv, spaßig – aber selten zu ernst. Schützen sehen Sex oft so geradlinig, dass ihnen die damit entstehende emotionale Verbindung entgeht, weil sie bereits über ihre nächste große Idee, einen Plan oder ein Abenteuer nachdenken. All dies kann ihnen den Ruf einer gewissen Unbeständigkeit einbringen.

Schützen haben viel sexuelle Energie, sind im Innersten aber sehr entspannt. Sie machen selten viel Aufhebens, es sei denn bei großen, romantischen Events wie einer Verlobung oder einem Jahrestag – es gibt immer ein anderes Mal, es wird immer ein anderes Mal geben, entweder mit dem Menschen, mit dem sie zusammen sind, oder mit jemand anderem. Fest steht, dass sie so fröhlich, rücksichtsvoll und umgänglich sind, dass in ihnen meist großartige Liebespartner*innen stecken – es sei denn, du verlangst mehr, als sie emotional bieten können.

Astro-
wissen

Dein Sonnenzeichen zeigt dir nie das ganze Bild. In diesem Abschnitt erfährst du, wie du weitere Details deines Geburtshoroskops lesen kannst. Damit öffnest du astrologisch neue Fenster.

Dein Geburtshoroskop

Dein Geburtshoroskop ist ein Schnappschuss eines Moments an einem bestimmten Ort zum genauen Zeitpunkt deiner Geburt. Es gilt demnach nur für dich und ist völlig einzigartig. Es ist wie eine Blaupause, eine Landkarte oder eine Aussage über Begebenheiten, die mögliche Charakterzüge und Einflüsse abbilden – aber es ist nicht dein Schicksal. Dein Geburtshoroskop ist nur ein symbolisches Instrument, auf das du dich beziehen kannst, basierend auf den Planetenkonstellationen bei deiner Geburt. Wer keinen Astrologen aufsuchen mag, kann sich sein Geburtshoroskop in wenigen Minuten online erstellen lassen (siehe auch S. 108). Wenn du deine genaue Geburtszeit nicht kennst, reichen das Datum und der Geburtsort zum Erstellen einer ersten, groben Vorlage.

Denke daran, dass in der Astrologie nichts per se gut oder schlecht ist, wie es auch keine expliziten Zeitangaben oder Vorhersagen gibt: Es ist alles eher eine Frage der Einflüsse und wie sich diese positiv oder negativ auswirken könnten. Und wenn wir eine gewisse Einsicht haben und Instrumente, mit denen wir uns unseren Umständen und unserer Umgebung annähern, sie sehen oder interpretieren können, gibt uns das etwas an die Hand, mit dem wir arbeiten können.

Wenn du dein Geburtshoroskop liest, hilft es, zunächst die Mittel der Astrologie zu betrachten, die dir zur Verfügung stehen. Dazu gehören nicht nur die zwölf Zeichen und das, was sie symbolisieren, sondern auch die zehn Planeten, mit denen die Astrologie arbeitet, und deren Eigenschaften sowie die zwölf Häuser und ihre Bedeutung. Einzeln sind diese Instrumente nur von flüchtigem Interesse, aber wenn man anfängt zu sehen, wie sie eventuell nebeneinanderstehen, wird das größere Ganze zugänglicher und man beginnt, Einsichten zu gewinnen, die nützlich sein können.

Allgemein steht jeder Planet für eine andere Energie. Die astrologischen Zeichen schlagen die Art und Weise vor, in denen sich diese Energien ausdrücken können, und die Häuser stellen Erfahrungsfelder dar, in denen dieser Ausdruck wirksam werden kann.

Als Nächstes kommen die Positionen der Zeichen an vier Schlüsselstellen ins Bild: der Aszendent und sein Gegenüber, der Deszendent; die Himmelsmitte (lat.: *Medium coeli*, kurz MC) und ihr Gegenüber, das *Imum coeli* (IC); dazu die Aspekte, die durch Gruppierungen von Zeichen und Planeten entstehen.

Jetzt kannst du sehen, wie hintergründig das Lesen eines Horoskops sein kann, wie unendlich in seiner Vielfalt und überaus individuell. Mit diesem Wissen und einem praktischen Verständnis für die Symbolik und die Einflüsse der Zeichen, Planeten und Häuser deines Profils kannst du beginnen, diese Instrumente als Hilfe bei Entscheidungen und anderen Lebensaspekten heranzuziehen.

Das Horoskop lesen

In deinem von Hand oder per Onlineprogramm angefertigten Geburtshoroskop siehst du einen Kreis, unterteilt in zwölf Segmente. An verschiedenen Punkten sind Informationen gebündelt. Sie geben die Position jedes Tierkreiszeichens an, in welchem Segment es steht und auf wie viel Grad. Unabhängig von den personenspezifisch relevanten Merkmalen ist jedes Horoskop nach dem gleichen Muster aufgebaut, wenn es um die Auslegung geht.

Auf Grundlage von Geburtszeit, Geburtsort und den Planetenkonstellationen zu diesem Zeitpunkt wird das Geburtshoroskop erstellt, auch Radixhoroskop genannt.

Wenn man sich das Horoskop als Ziffernblatt vorstellt, beginnt das erste Haus (siehe S. 95–99) an der 9. Von diesem Punkt aus wird das Horoskop gegen den Uhrzeigersinn durch alle zwölf Kreissegmente hindurch bis zum zwölften Haus gelesen.

Der Anfangspunkt, die 9, ist auch der Punkt, in dem die Sonne bei deiner Geburt aufging. Dies zeigt dir deinen Aszendenten, dein aufsteigendes Zeichen. Gegenüber, an der 3 des Ziffernblatts, liegt dein absteigendes Zeichen, der Deszendent. Deine Himmelsmitte, das MC, liegt auf der 12, ihr Gegenüber, das IC, auf der 6 (siehe S. 101–102).

Wenn wir die Bedeutung der Eigenschaften der astrologischen Zeichen und Planeten, ihre jeweiligen Energien und Positionen sowie die Aspekte zwischen ihnen verstehen, kann dies helfen, uns selbst und die Beziehung zu anderen zu begreifen. Auch im täglichen Leben hilft astrologisches Grundwissen, die wechselnden Planetenkonfigurationen und ihre Auswirkungen besser einzuordnen, genau wie die wiederkehrenden Muster, durch die Chancen und Möglichkeiten mal verringert und mal vermehrt werden können. Mit diesen Einflüssen zu leben und nicht gegen sie, kann das Leben leichter und letztlich auch erfüllter machen.

Der Mond-effekt

Wenn dein Sonnenzeichen dein Bewusstsein, deine Lebens-kraft und deinen individuellen Willen symbolisiert, dann steht der Mond für die Seite deiner Persönlichkeit, die du eher geheim oder versteckt hältst. Er ist das Reich des Instinkts, der Intuition, der Kreativität und des Unbewussten, das dich emotional an neue, manchmal nur schwer zu verstehende Orte führt. Dieser Effekt verleiht einer Person Feinheiten und Nuancen, weit über ihr Sonnenzeichen hinaus. So magst du deine Sonne im Schützen haben, mit allem, was das bedeutet, doch gleicht ihn vielleicht ein empathischer und gefühlvoller Mond im Krebs aus. Oder du hast deine Sonne im offenher-zigen Löwen, aber den Mond im Wassermann, mit all seiner rebellischen, emotionalen Distanziertheit.

Die Mondphasen

Der Mond kreist in rund 28 Tagen um die Erde. Wie viel wir von ihm sehen, hängt davon ab, wie viel Sonnenlicht er reflektiert. Dadurch scheint er zu- und abzunehmen. Bei Neumond beleuchtet die Sonne nur ein kleines Stück. Je mehr er zunimmt, desto mehr Licht reflektiert er. Er wird von der Sichel zum zunehmenden Sichelmond und zum ersten Viertel; dann zum zunehmenden Dreiviertelmond und zum Vollmond. Danach nimmt er ab, erst zum abnehmenden Dreiviertelmond, dann zum letzten Viertel. Der Zyklus beginnt erneut. All dies geschieht in einem Zeitraum von vier Wochen. In manchen Kalendermonaten gibt es sogar zwei Vollmonde – *Blue Moon* heißt der zweite im Englischen.

Der Mond bewegt sich jeden Monat auch durch ein neues Tierkreiszeichen, wie wir von unserem Geburtshoroskop wissen. Auch dies bringt uns Informationen: Ein Mond im Skorpion kann ganz anders wirken als ein Steinbock-Mond und je nach dem persönlichem Horoskop kann dies monatlich einen wechselnden Einfluss haben. Wenn in deinem Geburtshoroskop der Mond zum Beispiel in der Jungfrau steht, wird der tatsächliche Mond einen zusätzlichen Einfluss bringen, wenn er in die Jungfrau wandert. Weitere Informationen hierzu findest du auf den Seiten zu den Tierkreiszeichen (siehe S. 12–17).

Der Mondzyklus hat einen energetischen Effekt, den man gut an den Gezeiten erkennen kann. Da der Mond ein Fruchtbarkeitssymbol ist und für unsere tiefere, psychologische Seite steht, können wir dies aus astrologischer Sicht nutzen, um uns eingehender und kreativer auf die Lebensaspekte zu konzentrieren, die uns wichtig sind.

Eklipsen

Allgemein gesagt verschleiert eine Eklipse (Finsternis) Situationen und verhindert, dass Licht auf sie fällt. Astrologisch gesehen ist hierbei wichtig, wo Sonne oder Mond zum Zeitpunkt der Eklipse im Verhältnis zu anderen Planeten stehen. So wird eine Sonnenfinsternis in den Zwillingen einen Zwillinge-Einfluss mit sich bringen oder Zwillinge beeinflussen.

Wenn ein Lebensbereich versteckt oder ins Licht gerückt wird, ist dies eine Einladung, ihm Aufmerksamkeit zu schenken. Bei Eklipsen geht es im Allgemeinen um den Anfang oder das Ende einer Sache. Früher hielt man sie für Omen, wichtige Zeichen, die man beachten musste. Da man Eklipsen berechnen kann, werden sie astronomisch kartiert. Ihre astrologische Bedeutung kann somit im Voraus eingeschätzt werden und man kann deshalb auch im Voraus darauf reagieren.

Die zehn Planeten

In der Astrologie sprechen wir von zehn Planeten (allerdings nicht in der Astronomie, da die Sonne eigentlich ein Stern ist). Jedem Sternzeichen ist ein Herrscherplanet zugeordnet; Merkur, Venus und Mars regieren je zwei Zeichen. Die Eigenschaften der Planeten beschreiben diejenigen Einflüsse, die auf die Zeichen wirken können. Die Gesamtheit dieses Wissens fließt in die Auslegung eines Geburtshoroskops ein.

Mond

Dieses Zeichen formt ein Gegenprinzip
zur Sonne und bildet ein Paar mit ihr.
Er verkörpert das Weibliche und steht
für Geborgenheit und Empfänglichkeit
und dafür, wie wir instinktiv und
gefühlsmäßig reagieren.

Herrscher von Krebs

Sonne

Verkörpert das Männliche. Sie gilt
als lebensentfachende Energie,
was auf eine väterliche Energie
im Geburtshoroskop hindeutet.
Die Sonne symbolisiert unser
Selbst oder unseren Wesenskern
und unsere Bestimmung.

Herrscher von Löwe

Merkur

Der Planet der Kommunikation.
Symbolisiert den Drang, die
Gedanken durch Worte zu ver-
stehen und mitzuteilen.

Herrscher von Zwillinge und Jungfrau

Venus

Der Planet der Liebe. Hier geht es um Anziehung, Verbundenheit und Lust. Im Horoskop einer Frau symbolisiert er ihren weiblichen Stil, im Horoskop eines Mannes seine*n ideale*n Partner*in.

Herrscher von Stier und Waage

Mars

Dieser Planet symbolisiert Energie pur (Mars ist der Gott des Krieges), zeigt aber auch, in welchen Bereichen wir am ehesten durchsetzungsfähig, aggressiv oder risikobereit sind.

Herrscher von Widder und Skorpion

Saturn

Wird manchmal der weise Lehrer oder Lehrmeister der Astrologie genannt. Er symbolisiert gelernte Lektionen und Grenzen und zeigt uns den Wert von Entschlossenheit, Zähigkeit und Widerstandsfähigkeit.

Herrscher von Steinbock

Jupiter

Der größte Planet unseres Sonnensystems. Symbolisiert Freigebigkeit und Wohltätigkeit, alles, was expansiv und heiter ist. Wie bei dem Zeichen, über das er herrscht, geht es auch darum, sich auf Reisen und Erkundungen von zu Hause wegzubewegen.

Herrscher von Schütze

Uranus

Symbolisiert das Unerwartete, neue Ideen und Innovation; den Drang, das Alte niederzureißen und das Neue einzuführen. Der Nachteil kann eine Unfähigkeit sein, sich einzufügen, und somit das Gefühl, ein Außenseiter zu sein.

Herrscher von Wassermann

Pluto

Dem Hades (lat.: *Pluto*), Gott der
Unterwelt oder Toten, zugeordnet,
übt dieser Planet eine mächtige Kraft
aus, die unter der Oberfläche liegt und
die in ihrer negativsten Ausprägung
für Obsessionen und zwanghaftes
Verhalten stehen kann.

Herrscher von Skorpion

Neptun

Mit dem Meer verbunden, steht er
für die unterhalb liegenden Dinge,
unter Wasser und zu tief, um klar
erkannt zu werden. Sensibel, intuitiv
und künstlerisch, symbolisiert er die
Fähigkeit, bedingungslos zu lieben,
zu verzeihen und zu vergessen.

Herrscher von Fische

Die vier Elemente

Die Unterteilung der zwölf Sternzeichen in die Elemente Erde, Feuer, Luft und Wasser liefert noch weitere Eigenschaften. Sie wurzelt in der altgriechischen Medizin, die lehrte, dass der Körper aus vier Körperflüssigkeiten oder „-säften" bestand: Blut, gelbe und schwarze Gallenflüssigkeit sowie Schleim. Sie entsprachen den vier Temperamenten sanguinisch, melancholisch, cholerisch und phlegmatisch, den vier Jahreszeiten Frühling, Sommer, Herbst und Winter und den vier Elementen Luft, Feuer, Erde und Wasser.

In der Astrologie beschreiben diese symbolischen Eigenschaften weitere Aspekte der unterschiedlichen Zeichen. C. G. Jung verwendete sie in seiner Psychologie und noch heute bezeichnen wir Menschen in ihrer Lebenseinstellung zum Beispiel als feurig oder luftig oder sagen, sie seien „in ihrem Element". In der Astrologie heißt es, dass Sonnenzeichen des gleichen Elements eine Affinität oder ein Verständnis füreinander haben.

Wie immer in der Astrologie gibt es hierbei Positives und Negatives. Das Wissen um eine „Schattenseite" kann in Bezug auf die Selbsterkenntnis hilfreich sein und auf das, was man vielleicht verbessern oder ausgleichen sollte, besonders im Umgang mit anderen.

Luft

ZWILLINGE ✴ WAAGE ✴
WASSERMANN

Diese Zeichen glänzen im Reich der Ideen. Scharfsinnig und visionär, dabei in der Lage, das große Ganze zu sehen, haben Luftzeichen eine reflektierende Qualität, die Situationen entspannen kann. Zu viel Luft kann Absichten zerstreuen, was Zwillinge unentschlossen machen, die Waage zum Zaudern bringen und den Wassermann teilnahmslos erscheinen lassen kann.

Feuer

WIDDER ✴ LÖWE ✴
SCHÜTZE

Diese Zeichen umgibt Wärme und Energie, eine positive Herangehensweise, Spontaneität und Enthusiasmus, die andere sehr inspirieren und motivieren kann. Nachteilig kann sein, dass der Widder sich gern kopfüber in Sachen stürzt, der Löwe viel Aufmerksamkeit braucht und der Schütze viel redet, aber nichts liefert.

Erde

STIER * JUNGFRAU *
STEINBOCK

Typischerweise genießen
Erdzeichen sinnliche Freuden,
Essen und andere körperliche
Befriedigungen. Sie fühlen
sich gern geerdet und lassen
Taten für ihre Ideen sprechen.
Der Nachteil ist, dass Stier-
Geborene dickköpfig sein
können, Jungfrauen pingelig
und Steinböcke verbissen
konservativ.

Wasser

KREBS * SKORPION *
FISCHE

Wasserzeichen sind sehr
reaktionsfreudig, wie die
Gezeiten mit Ebbe und Flut,
dazu aufmerksam und intuitiv – manchmal sogar über die
Maßen, wegen ihrer besonderen Fähigkeit zu fühlen. Der
Nachteil ist eine Tendenz, sich
überfordert zu fühlen. Dies
kann den Krebs so hartnäckig
wie selbstschützend werden
lassen, Fische wechselhaft in
ihrer Aufmerksamkeit und
den Skorpion unberechenbar
und intensiv.

Kardinale, fixe und veränderliche Zeichen

Zusätzlich zur Unterteilung in die vier Elemente sind die Sternzeichen auch noch auf drei andere Arten gruppiert, die verdeutlichen, wie ihre Energien agieren oder reagieren können. Dies verleiht ihren besonderen Eigenschaften weitere Tiefe.

Kardinal

WIDDER ✳ KREBS ✳ WAAGE ✳ STEINBOCK

Kardinalzeichen sind aktive Zeichen mit der Energie, die Initiative zu ergreifen und Dinge in Gang zu setzen. Der Widder hat die Vision, der Krebs die Gefühle, die Waage die Kontakte und der Steinbock die Strategie.

Fix

Langsamer, aber entschlossener arbeiten diese Zeichen, um voranzukommen; sie halten das am Laufen, was die kardinalen Zeichen initiiert haben. Der Stier bietet körperlichen Komfort, der Löwe Loyalität, der Skorpion emotionale Unterstützung und der Wassermann guten Rat. Auf fixe Zeichen ist Verlass, doch haben sie die Tendenz, sich gegen Veränderungen zu wehren.

Veränderlich

ZWILLINGE ✻ JUNGFRAU ✻ SCHÜTZE ✻ FISCHE

Anpassungsfähig und neuen Ideen, Orten und Menschen gegenüber aufgeschlossen, können sich veränderliche Zeichen leicht auf ihre Umgebung einstellen. Zwillinge sind geistig beweglich, die Jungfrau praktisch und vielseitig. Der Schütze visualisiert Möglichkeiten und die Fische sind empfänglich für Wandel.

Die zwölf Häuser

Das Geburtshoroskop ist in zwöf Häuser unterteilt, die für unterschiedliche Lebensbereiche und -funktionen stehen. Wenn man dir sagt, dass du ein Zeichen in einem bestimmten Haus hast – zum Beispiel die Waage (Gleichgewicht) im fünften Haus (Kreativität und Sexualität) –, kannst du diese Einflüsse interpretieren im Hinblick auf ganz spezifische Hinweise dafür, wie du einen Aspekt deines Lebens angehen könntest.

Jedes Haus ist mit einem Sonnenzeichen, seinem „natürlichen Herrscher", verknüpft und wird so durch Eigenschaften dieses Zeichens repräsentiert.

Drei der Häuser gelten als mystisch und beziehen sich auf unsere innere, übersinnliche Welt: das vierte (Zuhause), das achte (Tod und Wiedergeburt) und das zwölfte (Geheimnisse).

1. Haus

DAS SELBST

BEHERRSCHT VON WIDDER

Haus deiner Persönlichkeit: dein Selbst, wer du bist und wie du dich darstellst, deine Vorlieben, Abneigungen und Lebenseinstellungen. Es beschreibt auch, wie du dich selbst siehst und was dein Ziel im Leben ist.

2. Haus

BESITZ

BEHERRSCHT VON STIER

Haus deiner Besitztümer. Es zeigt, was dir gehört, einschließlich Geld, wie du dein Einkommen verdienst; deine materielle Sicherheit und die reellen Dinge, die dich auf deinem Lebensweg begleiten.

3. Haus

KOMMUNIKATION

BEHERRSCHT VON ZWILLINGE

In diesem Haus geht es um Kommunikation und Geisteshaltung, vor allem darum, wie du dich ausdrückst. Es beschreibt auch deine Beziehung zu deiner Familie, deinen Weg in der Schule oder im Beruf und wie du denkst, sprichst, schreibst und lernst.

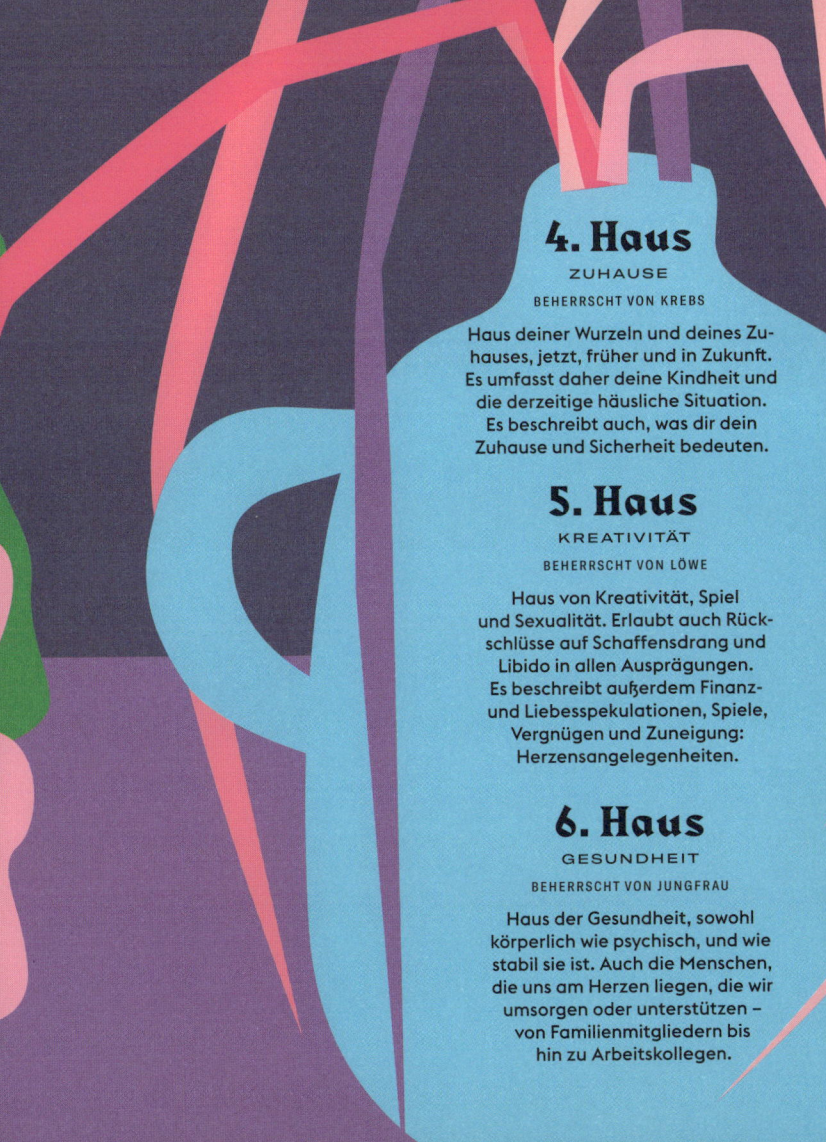

4. Haus
ZUHAUSE
BEHERRSCHT VON KREBS

Haus deiner Wurzeln und deines Zu-
hauses, jetzt, früher und in Zukunft.
Es umfasst daher deine Kindheit und
die derzeitige häusliche Situation.
Es beschreibt auch, was dir dein
Zuhause und Sicherheit bedeuten.

5. Haus
KREATIVITÄT
BEHERRSCHT VON LÖWE

Haus von Kreativität, Spiel
und Sexualität. Erlaubt auch Rück-
schlüsse auf Schaffensdrang und
Libido in allen Ausprägungen.
Es beschreibt außerdem Finanz-
und Liebesspekulationen, Spiele,
Vergnügen und Zuneigung:
Herzensangelegenheiten.

6. Haus
GESUNDHEIT
BEHERRSCHT VON JUNGFRAU

Haus der Gesundheit, sowohl
körperlich wie psychisch, und wie
stabil sie ist. Auch die Menschen,
die uns am Herzen liegen, die wir
umsorgen oder unterstützen –
von Familienmitgliedern bis
hin zu Arbeitskollegen.

7. Haus

PARTNERSCHAFT

BEHERRSCHT VON WAAGE

Der Gegenpol des ersten Hauses. Es spiegelt gemeinsame Ziele und enge Partnerschaften, unsere Wahl des*der Lebenspartner*in und wie erfolgreich unsere Beziehungen sein können. Es beschreibt auch Partnerschaften und Feindschaften im Berufsleben.

8. Haus

WIEDERGEBURT

BEHERRSCHT VON SKORPION

Das Haus steht für den Tod als Wiedergeburt oder spirituelle Transformation. Beschreibt auch Vermächtnisse und das, was du an Persönlichkeitsmerkmalen oder materiell erben wirst. Und da Wiedergeburt Sex braucht, geht es in diesem Haus auch um Sex und sexuelle Gefühle.

9. Haus

REISEN

BEHERRSCHT VON SCHÜTZE

Haus der Fernreisen und Entdeckungsfahrten; es geht auch um die Erweiterung des Horizonts, den das Reisen bringen kann, und wie sich dies ausdrückt. Beschreibt das Verbreiten von Ideen, zum Beispiel in literarischen Werken oder Veröffentlichungen.

11. Haus

FREUNDSCHAFTEN

BEHERRSCHT VON WASSERMANN

Haus der Freundesgruppen und Bekannten, Visionen und Ideen. Es geht weniger um unmittelbare Befriedigung, sondern um langfristige Träume und wie diese durch unsere Fähigkeit, harmonisch mit anderen zusammenzuarbeiten, erreicht werden können.

12. Haus

GEHEIMNISSE

BEHERRSCHT VON FISCHE

Gilt als spirituellstes Haus. Das Haus des Unbewussten, der Geheimnisse und dessen, was verborgen ist; die „Leiche im Keller". Spiegelt auch die geheimen Wege, auf denen wir uns selbst sabotieren oder unsere Kräfte kleinhalten, indem wir sie nicht ausschöpfen.

10. Haus

BERUFUNG

BEHERRSCHT VON STEINBOCK

Repräsentiert das, wonach wir streben, und unseren Satus; wie wir öffentlich angesehen sein wollen (oder nicht), unsere Ambitionen, unser Image und was wir im Leben aus eigener Kraft erreichen wollen.

Der Aszendent

Der Aszendent, auch als aufsteigendes Zeichen bekannt, ist das Tierkreiszeichen, das am Tag deiner Geburt am östlichen Horizont erschien, je nachdem, an welchem Ort und zu welcher Zeit dies passierte. Er liefert Informationen über die Aspekte deines Charakters, die sich mehr nach außen hin offenbaren, wie du dich präsentierst und von anderen gesehen wirst.

Die Geburtszeit zu kennen, ist somit ein nützlicher Faktor in der Astrologie. Selbst wenn dein Sonnenzeichen Schütze ist, kannst du also mit aufsteigendem Krebs mütterlich wirken und dich auf die eine oder andere Weise spürbar für das häusliche Leben engagieren.

Dein Aszendent – oder der anderer Personen – hilft oft auch zu erklären, warum die eigene Persönlichkeit so wenig mit dem Sonnenzeichen zusammenzupassen scheint.

Wenn du deine Geburtszeit und deinen Geburtsort weißt, kannst du deinen Aszendenten problemlos online oder in einer App ausrechnen lassen (siehe S. 108). Frage einfach deine Mutter oder andere Familienmitglieder danach. Manchmal steht die Geburtszeit auch in der Geburtsurkunde. Wenn du dir das Horoskop als Ziffernblatt vorstellst, ist der Aszendent auf der Neun-Uhr-Position zu sehen.

Der Deszendent

Der Deszendent weist auf einen möglichen Lebenspartner hin, basierend auf der Vorstellung, dass Gegensätze sich anziehen. Wenn du deinen Aszendenten kennst, ist der Deszendent leicht zu berechnen, da er genau sechs Zeichen entfernt ist: Bei einem Jungfrau-Aszendenten wäre der Deszendent also Fische. Wenn du dir das Horoskop als Ziffernblatt vorstellst, ist der Deszendent auf der Drei-Uhr-Position zu sehen.

Die Himmelsmitte (MC)

Auf deinem Geburtshoroskop ist auch die Himmelsmitte eingezeichnet (MC, von lat.: *Medium coeli*). Sie weist auf deine Einstellung zu Arbeit, Beruf und beruflichem Ansehen hin. Wenn du dir das Horoskop als Ziffernblatt vorstellst, ist das MC auf der Zwölf-Uhr-Position eingezeichnet.

Die Himmelstiefe (IC)

Dann gibt es noch das IC in deinem Horoskop (von lat.: *Imum coeli*, „Himmelstiefe"). Es weist auf deine Haltung gegenüber deinem Zuhause und deiner Familie hin und hat auch einen Bezug zum Ende deines Lebens. Das IC ist sechs Zeichen vom MC entfernt. Wenn dein MC Wassermann ist, ist dein IC Löwe. Wenn du dir das Horoskop als Ziffernblatt vorstellst, ist das IC auf der Sechs-Uhr-Position eingezeichnet.

Rückläufiger Saturn

Saturn ist einer der langsamsten Planeten: Er braucht 28 Jahre, um einmal um die Sonne zu kreisen und an den Punkt zurückzukehren, an dem er zum Zeitpunkt deiner Geburt stand. Diese Rückkehr kann sich über zwei bis drei Jahre erstrecken und macht sich oft in den Zeiten um deinen 30. und 60. Geburtstag stark bemerkbar, die oft als bedeutende „Meilensteine" gelten.

Da die Saturnenergie bisweilen als anstrengend empfunden wird, sind das nicht immer leichte Lebensabschnitte. Saturn gilt als weiser Lehrer oder harter Lehrmeister: Der Saturneffekt wird oft als „zum Glück zwingen" empfunden – so wie viele gute Lehrer argumentieren. Er hält uns wie ein strenger Personal Coach auf der Spur.

Die Saturnrückkehren erlebt jeder Mensch individuell. Sie sind immer eine gute Zeit, Bilanz zu ziehen, Dinge im Leben loszulassen, die einem nicht mehr nutzen, die Erwartungen zu revidieren und ohne Ausreden das im Leben aufzunehmen, von dem man gern mehr hätte. Wenn du also dieses Lebensereignis gerade erlebst oder erwartest, solltest du es begrüßen und damit arbeiten. Denn was du jetzt lernst – vor allem über dich selbst –, ist wissenswert, so turbulent es auch sein mag. Es kann sich für die nächsten 28 Jahre lohnen!

Rückläufiger Merkur

Selbst Menschen mit wenig Interesse an Astrologie bemerken es oft, wenn der Planet Merkur rückläufig ist. Als „Rückläufigkeit" bezeichnet man Zeiten, in denen Planeten wie der Merkur stationär sind, aber sich in die Gegenrichtung zu bewegen scheinen, weil die Erde sich weiterdreht. Vorher und nachher kommt es zu einer „Schattenperiode", die auch etwas turbulent sein kann. Der Planet scheint dabei erst langsamer und dann wieder schneller zu werden. Generell ist es ratsam, während der Rückläufigkeit keine wichtigen Schritte in Bezug auf Kommunikation zu unternehmen. Und wenn doch, sollte man im Kopf haben, dass sie sich später wieder ändern können.

Da Merkur der Planet der Kommunikation ist, zeigt sich schnell, warum seine Rückläufigkeit und ihre Verbindung mit Kommunikationsfehlern problematisch ist: zum Beispiel auf altmodische Weise, wenn ein Brief in der Post verloren geht, oder moderner, wenn der Computer abstürzt.

Ein rückläufiger Merkur kann auch das Reisen beeinträchtigen und es gibt Flug- oder Zugverspätungen, Staus oder Unfälle.

Dazu beeinflusst er die persönliche Kommunikation: Hören, Sprechen, (Nicht-)Gehört-Werden. Dies kann Durcheinander oder Streit verursachen. Er kann sich auch auf formellere Vereinbarungen wie Kaufverträge auswirken.

Merkur ist drei- bis viermal pro Jahr über etwa drei Wochen rückläufig, mit Schattenperioden vorher und nachher. Die Zeitrahmen seiner Rückläufigkeiten bedeuten auch, dass sie in einem bestimmen Sternzeichen passieren. Wenn er zum Beispiel zwischen 25. Oktober und 15. November rückläufig wäre, würde sein Effekt Skorpion-Eigenschaften haben. Auch Menschen mit Skorpion-Sonne oder einem starken Skorpion-Aspekt in ihrem Geburtshoroskop könnten stärker betroffen sein.

Die Termine, zu denen der Merkur rückläufig ist, findet man online, in astrologischen Tabellen oder Ephemeriden. Hier kann man sehen, ob man diese Zeiten für die Planung von Ereignissen meiden sollte, da sie potenziell betroffen sein könnten. Um festzustellen, wie der rückläufige Merkur dich persönlich angehen könnte, musst du dein Geburtshoroskop kennen und dessen spezifischere Kombinationen aus Zeichen- und Planeteneinflüssen.

Wenn du leichter durch einen rückläufigen Merkur kommen willst, sollte dir bewusst sein, dass Pannen passieren können. Rechne also mit Verzögerungen und überprüfe Details lieber doppelt. Bleibe angesichts von Verzögerungen positiv gestimmt und nimm solche Zeiten als Chance für Entschleunigung. Blicke zurück oder überdenke Ideen in Beruf oder Privatleben. Nutze die Zeit, um Fehler zu korrigieren oder Pläne umzugestalten, damit du vorbereitet bist, wenn sich die festgefahrene Energie erneut bewegt und du wieder fließender vorankommst.

Lesetipps

Webseiten

*Die zwölf Archetypen:
Tierkreiszeichen und
Persönlichkeitsstruktur*
(2011) von Brigitte
Hamann; erschienen
bei KnaurMensSana

astro.com

astrologyzone.com

jessicaadams.com

shelleyvonstrunkel.com

Astrologie für Dummies
(2020) von Rae Orion;
erschienen bei Wiley-VCH
Verlag GmbH & Co. KGaA

Apps

Astrologie für den Alltag
(2021) von Carole Taylor;
erschienen bei DK Verlag
Dorling Kindersley

Astrostyle

Co-Star

Susan Miller's Astrology Zone

Das Astrologiebuch (2004)
von Michael Roscher;
erschienen im bei Chiron

The Daily Horoscope

The Pattern

Time Passages

Danksagung

Mein besonderer Dank geht an mein treues
Stier-Team. Zuerst an Kate Pollard, Publishing
Director bei Hardie Grant: für ihre Leidenschaft für
schöne Bücher und für die Beauftragung dieser
Reihe. An Bex Fitzsimons für ihr gutlauniges,
gründliches Redigieren. Und schließlich an
Evi O. Studio, deren Illustrationen und Design
kleine Kunstwerke entstehen ließen. Mit einer sol-
chen „Sternenbesetzung" können diese Bücher
nur glänzen – dafür sage ich Danke!

Über die Autorin

Stella Andromeda arbeitet seit über
30 Jahren als Astrologin. Sie ist davon
überzeugt, dass die Kenntnis der Himmelskonstellationen und deren Potenzials
psychologischen Interpretationen ein
wertvolles Instrument bieten kann. Die Ver-
mittlung ihres Wissens in dieser Buchform
macht moderne Erkenntnisse über uralte
astrologische Weisheiten leicht zugänglich
und begeistert für Stella Andromedas
Haltung, dass Reflexion und Selbsterkenntnis uns im Leben nur stärker machen. Mit
ihrem Sonnenzeichen Stier, dem Aszendenten im Wassermann und einem Mond im
Krebs lässt sie sich auf ihrer astrologischen
Reise von Erde, Luft und Wasser inspirieren.

Text © Stella Andromeda
Illustrationen © Evi O. Studio

Für die deutsche Ausgabe:
Satz und Redaktion: bookwise GmbH
Übersetzung: Martina Walter
Gesamtherstellung: Leo Paper Products Ltd.

Aus Verantwortung für die Umwelt hat sich die Verlagsgruppe Droemer Knaur zu einer nachhaltigen Buchproduktion verpflichtet. Der bewusste Umgang mit unseren Ressourcen, der Schutz unseres Klimas und der Natur gehören
zu unseren obersten Unternehmenszielen. Gemeinsam mit unseren Partnern und Lieferanten setzen wir uns für
eine klimaneutrale Buchproduktion ein, die den Erwerb von Klimazertifikaten zur Kompensation des CO2-Ausstoßes
einschließt. Weitere Informationen finden Sie unter: www.klimaneutralerverlag.de

Schütze
ISBN 978-3-8485-0090-1
Ursprünglich veröffentlicht unter dem Titel: Sagittarius
© Hardie Grant Books, an imprint of Hardie Grant Publishing, 2019
© für die deutsche Ausgabe: GROH Verlag GmbH, 2021
www.groh.de

MIX
Paper from
responsible sources
FSC™ C020056